Louis Delzons

Le Barreau et son histoire

Essai

 Le code de la propriété intellectuelle du 1er juillet 1992 interdit en effet expressément la photocopie à usage collectif sans autorisation des ayants droit. Or, cette pratique s'est généralisée dans les établissements d'enseignement supérieur, provoquant une baisse brutale des achats de livres et de revues, au point que la possibilité même pour les auteurs de créer des œuvres nouvelles et de les faire éditer correctement est aujourd'hui menacée. En application de la loi du 11 mars 1957, il est interdit de reproduire intégralement ou partiellement le présent ouvrage, sur quelque support que ce soit, sans autorisation de l'Éditeur ou du Centre Français d'Exploitation du Droit de Copie , 20, rue Grands Augustins, 75006 Paris.

ISBN : 978-1985355248

10 9 8 7 6 5 4 3 2 1

Louis Delzons

Le Barreau et son histoire

Essai

Table de Matières

Section I	**6**
Section II	**8**
Section III	**19**
Section IV	**25**
Section V	**33**

Section I

Le banquet du 11 décembre 1910, où le Barreau a célébré le centenaire de son rétablissement, aurait été en tous lieux une fête brillante : donné au Palais de Justice, dans la salle des Pas-Perdus, la fête a pris un éclat incomparable, et elle a la signification qui convenait exactement à l'Ordre des avocats, à sa longue histoire, à son glorieux passé. Les journaux ont dit la splendeur de cette salle, éblouissante de lumière, parée de magnifiques tapisseries. En vérité, ce soir-là, à ceux qui la connaissent le mieux et l'admirent le plus, elle a découvert une beauté qu'ils n'avaient jamais pu saisir si parfaite. Il avait suffi de l'éclairer avec soin, avec goût, aussitôt la grandeur de son architecture est apparue tellement harmonieuse, tellement imposante que l'impression en a été très profonde. Cependant la sobriété du dessin et du décor est extrême ; une simple corniche suit le pourtour ; la salle est divisée en deux nefs par un rang de piliers, et les murs, d'un bout à l'autre, présentent une suite d'arceaux en plein cintre. Mais les proportions sont admirables île justesse et d'élégance ; et, de chaque côté, les murailles blanches ont le mouvement le plus aisé, le plus souple, le plus noble, pour s'infléchir en voûte, et former les deux nefs blanches, qui se rejoignent sur les piliers. D'habitude, la clarté qui vient par les hautes baies ne suffit pas à ces longs vaisseaux et laisse, sur les murs comme aux voûtes, des ombres dures ; la merveilleuse unité de l'édifice en est comme interrompue ; on la devine, elle ne s'impose pas. Qu'elle ait été, pour un soir, restituée dans sa perfection, c'est ce que nul des convives du 11 décembre ne peut plus oublier. La salle qu'ils ont vue était bien celle de Jacques de Brosses, celle même de saint Louis, maintes fois ruinée par l'incendie et toujours reconstruite a la même place. Elle redevenait un moment salle de fête, comme au jour où elle fut consacrée, six siècles plus tôt, par Philippe le Bel ; et, toute bruissante de gaieté, elle représentait à ses convives, les avocats d'aujourd'hui, la vie que tant de générations d'avocats, durant ces six cents années, menèrent en ces lieux mêmes. L'antiquité des lieux attestait l'antiquité de leur institution ; ils en avaient tous le sentiment très fort, et leurs acclamations saluèrent le Bâtonnier, M. Busson-Billault, lorsque, en leur nom, il revendiqua l'honneur des lointaines origines et de la durée plusieurs fois séculaire.

D'ailleurs, le spectacle des tables dressées entre les piliers et des centaines d'avocats assis à ces tables, fournissait en même temps une des raisons qui ont fait et font encore le barreau si vivace. Il s'est toujours adapté, sans rien sacrifier de sa force, aux mœurs et aux idées changeantes. Etant toujours lui-même, il accueille toutes les opinions. C'est ainsi qu'on pouvait voir royalistes, bonapartistes, républicains et socialistes unifiés voisinant à la même table. Une camaraderie, fondée sur l'égalité absolue, rapprochait les vieux et les jeunes, les illustres et les obscurs. Par endroits, au milieu des habits noirs, un corsage clair rappelait que les femmes ont souhaité d'entrer au Barreau, et qu'elles y figurent, avec grâce, une des conquêtes les plus hardies du Féminisme… Cependant *la Marseillaise*, dont les statues de Malesherbes et de Berryer se renvoyaient les échos, avait retenti à l'entrée du chef de l'Etat qui faisait à l'Ordre l'honneur de présider le banquet : et le Bâtonnier le remerciait, aux applaudissements de tous, d'avoir bien voulu apporter à cette fête le drapeau de la patrie… L'archaïsme se mêlait à toutes ces manifestations de la vie et du monde d'à présent : il en était comme vivifié ; il leur donnait en retour cette empreinte que les hommes respectent, dès lors qu'ils s'élèvent un peu au-dessus de la barbarie, — celle du temps écoulé.

Une si grande solennité, et dont le succès a dépassé toutes les espérances, commémorait un événement insigne. Dans sa longue existence, l'Ordre des avocats a connu la mort, — une mort provisoire. Au début de la Révolution, le 2 septembre 1790, la Constituante supprima, non pas le rôle des avocats, mais l'Ordre, c'est-à-dire cette association particulière qui fait leur force. L'Ordre était anéanti. La Constituante avait été emportée contre lui par cette fureur individualiste qui pourchassait la corporation, sous quelque forme qu'elle se présentât. Ce fut une erreur, une faute lourde. Mais, tandis que la corporation restait brisée, même après que le vent révolutionnaire eut cessé de souffler, même après le renouveau du Consulat, il arriva pour l'Ordre des avocats un événement plus surprenant que sa disparition : Napoléon Ier le fit revivre. Il faut dire exactement qu'il lui permit de revivre. La permission était stricte. Tout autre corps, sans doute, n'y aurait trouvé que le moyen de végéter faiblement. Le Barreau s'en servit pour reprendre aussitôt une santé meilleure, une vigueur rajeunie ; puis, robuste et sûr de lui, plus encore que dans le passé, il n'eut pas à se débattre longtemps contre les liens du décret de 1810 qui l'auraient serré trop étroitement : ils tombèrent comme d'eux-mêmes, en 1822, et en 1830. Désormais il allait poursuivre une carrière continuellement élargie. Ses destinées, telles qu'elles sont accomplies en l'an 1910, sont au-dessus des vœux les plus hardis que pouvaient former les avocats d'il y a cent ans. A Paris, ils n'auraient pas imaginé, ces avocats de 1810, que leur « tableau » qui comptait trois cents membres, en comprendrai ! , après un siècle, plus de treize cents, outre un millier de stagiaires. Ils n'apercevaient pas que le Barreau se ferait, dans la société moderne, une place si grande, ni qu'il deviendrait comme une pépinière d'hommes d'État. En ce sens, le côté le moins curieux de la solennité du 11 décembre n'était pas de voir, à la magistrature suprême de notre pays, à la tête du gouvernement, aux principaux ministères, des membres de ce Barreau qui dut à Napoléon Ier sa résurrection. L'Empereur, non plus, n'avait pas prévu cette fortune. En signant son décret, il y contribua sans doute. Mais il considérait seulement l'intérêt de la justice : là, sa vue fut exacte et pénétrante. Un jour où l'Ordre des avocats put se reformer, la justice reprit son cours normal. C'est bien ce qu'il voulait. Il recueillait volontiers du passé les institutions qui avaient fait leurs preuves ; dans le système judiciaire qu'il reconstruisit avec tant d'ampleur et de solidité, nulle n'avait montré, plus que le Barreau, son utilité durable.

Section II

Il est très vraisemblable qu'en tout temps, et même après les invasions, et même avec la procédure du combat singulier, les personnes en querelle se cherchaient, devant le juge, un assistant : *amparlier, avant-parlier*, cet assistant, qui exposait l'affaire et donnait les arguments, faisait évidemment office d'avocat. Devant les cours ecclésiastiques, qui gardaient l'organisation romaine, son rôle était plus habituel, mieux défini. Mais il faut venir jusqu'à la fin du XIIIe siècle et jusqu'au XIVe pour trouver le collège des avocats, la corporation constituée, le Barreau enfin, qui donne à chacun de ses membres la force d'une association dont on ne connaît pas la pareille. L'ordonnance de 1274 avait exigé des avocats une discipline, un serment ; le règlement de 1340 fixe les termes du serment, et donne le moyen d'assurer la discipline : un tableau sera dressé chaque année ; il portera les noms des avocats admis, qui, tous, de par l'inscription, auront à la fois le droit de plaider et le devoir d'observer les règles, à peine de sanctions sévères. Il n'est pas encore question de l'*Ordre* : le mot n'apparaîtra que plus tard, mais dès lors l'institution existe.

Elle existe, non point absolument distincte, ni avec la seule fonction de consulter et de plaider, comme on la Verra au XVIIIe siècle ; elle est encore liée à celle des procureurs qui font les écritures, et cela par les occupations communes aussi bien que par l'attache religieuse. Les avocats et procureurs forment une même confrérie, celle de Saint-Nicolas : ils célèbrent ensemble sa fête, le 9 mai, par une assemblée et par un dîner ; et la confrérie a des dignitaires, dont l'un est qualifié d'un nom qui a traversé les âges : il porte la bannière, le bâton du saint, et on l'appelle : « le Bâtonnier. » Toutefois, si le Barreau tient de la sorte et pour assez longtemps aux procureurs, il est surtout attiré par le grand corps judiciaire du Parlement. Entre le Parlement et l'Ordre des avocats, l'union est étroite, elle est intime ; c'est elle qui caractérise le mieux la situation de l'Ordre sous l'ancien régime, et qui explique son développement, ses progrès, sa chute enfin à l'aube de la Révolution.

Pour se former et se maintenir, une telle union devait pro céder d'abord de la volonté très ferme du Parlement. Le corps de ces magistrats, si fortement constitué lui-même, voulut en effet qu'il en fût ainsi, et on aperçoit ses raisons. L'une, la plus apparente, est toute professionnelle : il n'est pas possible de rendre la justice sans avocats ; il est difficile de rendre une bonne justice sans de bons avocats. La fonction essentielle du Barreau est de faciliter au magistrat sa tâche, ou, plutôt, de le mettre à même de juger. Avant tout, le juge a besoin de savoir quel est l'objet précis du litige, les prétentions respectives des parties, et c'est à quoi sert l'exposé de l'avocat qui ne peut être utile qu'après une minutieuse étude des pièces ; puis le juge a besoin qu'on lui soumette les arguments pour qu'il les pèse et choisisse ; enfin il lui faut la discussion juridique qui lui montre la relation de la loi avec les faits, l'amène d'une règle très générale à un cas très particulier, l'incite enfin au fameux

« distinguo » qui est, à lui seul, toute la science du droit. Combien la justice est gênée par des avocats dont les juges auraient sans cesse à se défier ; combien elle est assurée au contraire, quand la plaidoirie s'applique, non à tromper les juges, mais à les éclairer et à les convaincre, c'est une évidence. Le Parlement y trouvait le motif le plus direct pour souhaiter une corporation d'avocats, qui s'associât à son œuvre et par conséquent à lui-même par le respect de soi et de la fonction. Il avait, à n'en pas douter, une autre raison de se lier le Barreau à lui ; il avait le souci de sa gloire. La puissance, où il atteignit si vite et qui fut si longtemps seule en face du pouvoir royal, comptait sur le Barreau, comme sur l'auxiliaire indispensable : elle avait besoin de son concours permanent, de ses talents et de ses vertus. Pour que le Parlement fût grand, il lui fallait non seulement un Barreau toujours prêt à assurer le service judiciaire, mais un Barreau éminent lui-même, et qui prît, en toute occasion, fait et cause pour les magistrats. La Cour ne poursuivait donc, à l'ordinaire, son train majestueux que par l'aide de son Ordre d'avocats : elle trouvait en lui, aux heures de lutte, l'allié nécessaire qui, en se retirant, paralysait aussitôt les mesures de rigueur prises contre elle. C'en était assez pour établir l'union : le Parlement mit tous ses soins à la rendre honorable, effective, profitable.

Il y employa d'abord son autorité. Avant tout, il devait imposer au Barreau le sentiment de l'œuvre auguste à laquelle il l'associait. Le tableau étant formé, les avocats étant ceux-là seuls qui avaient satisfait aux règles d'admission, — capacité et moralité, — le Parlement exerçait sur eux un droit de discipline : les peines étaient soigneusement graduées suivant les fautes ; elles commençaient à l'amende fixe ; elles s'élevaient ensuite par l'amende arbitraire, l'expulsion de l'audience, la suspension et la privation de postuler, pour aller jusqu'à l'emprisonnement à la Conciergerie. Ces sanctions auraient pu réprimer tous les abus ; elles servirent surtout à les prévenir. Les condamnations restèrent extrêmement rares. Le pouvoir du Parlement s'était affirmé : mais le respect de la justice et des magistrats s'installait déjà. Il suffisait, mieux que les peines disciplinaires, à donner au Barreau la modération du langage, la parfaite correction des manières et le souci de la vérité.

Par ailleurs, et d'une façon qui déroute nos habitudes modernes, ce Parlement orgueilleux, à coup sûr, et si jaloux de sa grandeur, se tenait beaucoup plus proche de son Ordre d'avocats que ne le font nos tribunaux d'à présent. Quelquefois c'était encore pour le morigéner, et pour rappeler les jeunes gens à la gravité qui sied à l'homme de robe. Ainsi la coupe de la barbe était sévèrement surveillée. A cet égard, le Parlement suivait la mode royale, mais sans hâte : tour à tour, les magistrats eurent la figure rasée, puis la barbe complète comme Henri IV, puis la petite moustache comme Louis XIV, et ils entendaient que le Barreau, surtout le jeune Barreau, se fît accommoder exactement comme eux. Il est ainsi recommandé aux jeunes gens de ne pas se présenter au Palais avec des moustaches cavalières, dressées « à la turquesque. » On saisit, dans ces observations, le souci d'une certaine tenue commune. Il faut noter au surplus que, durant plusieurs siècles, le costume, aussi, fut à peu près pareil. Les avocats comme les magistrats avaient la robe d'écarlate. Ils ne cessèrent de la porter que dans le cours du XVIe siècle. Leur coiffure avait été d'abord le chaperon d'où descendait une bande d'étoffe fourrée d'hermine ; puis la forme changea : la coiffe resta le bonnet, et la bande d'étoffe devint l'épitoge qui s'attache sur l'épaule. Ainsi modifié pour la plus grande commodité, le chaperon représentait un privilège qui rapprochait le Barreau du Parlement, et des premiers magistrats. Loisel, dans son *Dialogue des avocats*, fait remarquer qu'il n'appartient pas aux conseillers des enquêtes, qu'il est réservé à « Messieurs » de la Grand'Chambre, et que le Barreau a donc l'honneur de leur être ainsi associé ; le chaperon, c'est, mieux encore que la robe, l'insigne professionnel du Barreau ; la saisie du chaperon accompagne les peines d'interdiction prononcées contre l'avocat coupable. Dans les cérémonies officielles, l'Ordre est requis de se joindre aux magistrats. Son rang de préséance le place tout de suite après les gens du Roi. Au début du XVIe siècle, quand Louis XII épousa Marie d'Angleterre, le Parlement se rendit en corps et à cheval pour la recevoir : il avait été prescrit, en cette occasion, aux avocats de se réunir « honnêtement montés, vêtus de robes écarlates et chaperons fourrés, pour accompagner les dits présidents et conseillers. »

Si l'on regarde à la vie judiciaire de tous les jours, telle qu'elle se poursuivait à l'audience et au Palais, les preuves de l'union sont encore plus précises et plus significatives. La Grand'Chambre du

Parlement a subsisté dans le Palais d'aujourd'hui, à peu près intacte : c'est la 1re chambre du Tribunal, au fond et à droite de la salle des Pas-Perdus. On y retrouve les dispositions des murs, des fenêtres, que présentent les vieilles estampes, et les mêmes dimensions, sauf que la 1re chambre a été diminuée dans sa profondeur pour fournir une chambre du conseil. Là se tenaient les lits de justice, se réunissait, aux jours solennels, le Parlement tout entier, et s'assemblait pour ses audiences ordinaires la Grand'Chambre, la plus considérable, celle qui jugeait les plus grands procès. Le premier président, les présidents, les conseillers siégeaient dans le prétoire, au fond : en face d'eux, les avocats plaidants occupaient les places à côté de la barre ; et auprès d'eux, sur des bancs fleurdelisés comme ceux de la Cour, les anciens du Barreau étaient conviés à s'asseoir, pour suivre le débat et donner aux juges leur avis sur les questions les plus graves. Ainsi, dans l'œuvre de justice, le Parlement avait la collaboration non seulement des avocats plaidants, mais encore de ces anciens qui écoutaient comme lui les plaidoyers et dont il recueillait l'opinion pour mieux former la sienne. L'association, ici, est complète, intime, affectueuse.

De là vint, sans doute, un usage qui contribua beaucoup à former la classe parlementaire : les avocats, si constamment liés aux magistrats, voyaient les premiers d'entre eux passer de la barre au siège ; le Barreau fournissait au Parlement conseillers, présidents de Chambre, premiers-présidents, procureurs généraux, et même au Roi ses chanceliers. Les tableaux de l'Ordre, au XVIe siècle, présentaient ainsi une foule de noms, dont chacun sait quelle fut ensuite la fortune. Voici un Christophe de Thou : il était avocat, il devint président, puis premier président ; et, fils lui-même d'avocat, il fut le chef d'une longue lignée d'hommes de robe. Lamoignon est aussi, parmi les parlementaires, le nom d'une famille illustre : elle vient du Barreau ; Charles de Lamoignon fut avocat avant d'être conseiller ; il eut vingt enfants, dont l'un devint président à mortier ; son descendant, Guillaume, devait être, au XVIIe siècle, le fameux « Premier » ami de Boileau. On pourrait citer aussi les Brulart, les Séguier, les Talon, les Lemaistre. Montholon, Poyet furent chanceliers. Dans la mercuriale de 1569, l'avocat général Dufour de Pibrac définissait le Barreau : « Le séminaire et la pépinière non seulement de ceste cour de Parlement, mais aussy de toutes les cours de ce royaume.[1] »

L'Ordre des avocats est ainsi l'école des magistrats : c'est en suivant les audiences qu'ils se forment, très jeunes, au respect de la justice ; c'est en plaidant qu'ils apprennent les affaires et le droit : ils sont enfin parfaitement préparés à la tâche difficile de juger ; ils quittent la barre pour s'asseoir aux bancs fleurdelisés ; mais ils gardent de leur origine une affection particulière pour la profession où ils se sont élevés, pour le corps qui les imprégna de son esprit et de sa discipline. Ils représentent un courant ininterrompu qui, de la Cour au Barreau, communique les habitudes pareilles, fortifie les traditions, façonne une classe d'hommes voués à la justice, comme le prêtre à l'autel. On comprendra qu'en cet état de relations pour ainsi dire filiales, le Parlement ait soutenu de tout son pouvoir le Barreau contre les intrus. Or à toute époque, aux XVe et XVIe siècles comme aujourd'hui, les avocats ont été menacés par une concurrence. Les concurrents modernes sont les agents d'affaires qui s'intitulent « avocats, » mais qui ne sont pas inscrits à un barreau et ne peuvent se dire *avocats à la Cour*. Jadis, c'étaient les solliciteurs. Les avocats, — les vrais, — avaient, dans la grande salle, des bancs placés contre les piliers et pourvus de buffets où ils enfermaient les procédures : chacun s'y trouvait toujours au même endroit, et les clients étaient certains de l'y rencontrer. Or de ces bancs, si nécessaires, suivant l'usage, à l'exercice de lu profession, les solliciteurs tentèrent de déloger le Barreau : sans titres, sans attache professionnelle, échappant à toute discipline, ils prétendaient offrir aux plaideurs leurs services, et s'installer, comme les avocats, à leur place, dans la grande salle. Les avocats réclamèrent au Parlement, et le Parlement s'empressa de rendre un arrêt par lequel il réservait les bancs à ceux seulement qui s'étaient fait recevoir.

Au XVIe siècle, cependant, se produit un événement considérable dans l'histoire de la magistrature française : ses charges, pour les besoins du Trésor, furent déclarées vénales. Il est inutile de rappeler la fâcheuse influence de cette vénalité sur la composition des Parlements : toutefois, elle laissa subsister de fortes traditions, et même elle assura dans certaines familles une sorte d'éducation et d'hérédité judiciaire qui fut utile au corps tout entier de la

---

[1] Delachenal, *Histoire des avocats au Parlement de Paris*, 1300-1600.

magistrature. Ce qui se perdit, ce fut cette coutume si heureuse qui faisait choisir dans le Barreau les conseillers et les chefs du Parlement. Après le XVIe siècle, on ne voit plus guère des exemples de ce recrutement. Et sans doute les avocats y perdirent, mais la magistrature elle-même ne s'en trouva pas mieux. Du moins les liens étroits du passé subsistèrent. Le Parlement tient toujours fermement à son Barreau, et le Barreau à son Parlement.

On en voit au XVIIIe siècle des preuves certaines. C'en est une, et des plus convaincantes, que la phrase où d'Aguesseau écrit de l'Ordre des avocats qu'il est « aussi ancien que la magistrature, aussi noble que la vertu, aussi nécessaire que la justice : il se distingue par un caractère qui lui est propre, et, seul entre tous, se maintient toujours dans l'heureuse et paisible possession de son indépendance. » Ce furent encore des preuves, et qui n'allaient pas sans péril, que l'attitude de l'Ordre dans deux circonstances où le Parlement subissait les effets de sa résistance passive à la volonté royale.

En 1720, au moment des affaires de Law, il était exilé à Pontoise. Il avait obéi à l'ordre d'exil. Il avait gagné Pontoise : il s'apprêtait à y reprendre ses travaux. Mais ces travaux, c'est-à-dire ceux de la justice, comment pouvait-il y pourvoir sans le concours des avocats ? Et qu'allaient décider les avocats ? D'accepter pour eux-mêmes la mesure de rigueur qui frappait les magistrats ? Ou bien, l'estimant injuste, de refuser leur soumission ? C'est à ce parti qu'ils s'arrêtèrent. Invités à suivre le Parlement pour plaider devant lui, ils déclarèrent que leur devoir les fixait à Paris, qu'aucune autorité ne pouvait les forcer de se rendre à Pontoise ; et ils ne s'y rendirent pas. Le Parlement restait exilé, mais la justice restait suspendue, et il en fut ainsi jusqu'à ce que la Cour eût réintégré son Palais, à Paris, où elle ne laissa pas ignorer au Barreau la satisfaction qu'elle éprouvait de sa conduite. Un demi-siècle plus tard, dans une épreuve plus rude infligée à la Cour, la conduite des avocats fut aussi ferme. Le Parlement, cette fois, avait été non pas seulement exilé, mais, si l'on peut dire, escamoté, pour faire place à ce corps de magistrats improvisés, qu'on baptisa aussitôt « le Parlement Maupeou. » Trois années passèrent, de 1771 à 1774, où ces juridictions furent maintenues, à Paris et dans les provinces, contre un des mouvements d'opinion les plus forts qui aient précédé la Révolution. Durant cette crise, le Barreau témoigna d'une manière énergique vers qui se portaient sa sympathie et sa fidélité. Les avocats, d'abord, avaient refusé de plaider. Quand ils furent contraints de se présenter à la barre, après de longs mois d'inaction, ils se bornèrent à prétexter des projets d'arrangement qui entraînaient l'ajournement des débats, et laissaient les audiences vides. Enfin, ils durent reprendre l'exercice de la profession. Mais ils limitaient leurs rapports avec les magistrats à ce qu'exigeaient strictement les affaires. Ils continuaient d'ailleurs, d'accord avec l'opinion, à manifester leurs regrets de l'ancienne Cour ; ils entretenaient le regret public ; leur attitude enfin prolongeait cette déconsidération que, dès l'abord, ils avaient librement affichée. Et le jour vint, après la mort de Louis XV, où le rappel des anciens Parlements parut une nécessité politique aussi bien que judiciaire : le Barreau avait contribué de toutes ses forces à cette réparation : il montra que cette revanche était aussi la sienne.

Une si longue et si parfaite union ne semble avoir été troublée vraiment qu'en une circonstance, qui fut grave. L'histoire de cette querelle est familière aux hommes du Palais ; elle l'est moins au public. Les avocats ont toujours revendiqué le droit de fixer leurs honoraires, d'accord avec le client, suivant l'importance du service rendu, et sans avoir à subir aucune espèce de contrôle qui rabaisserait leur dignité et celle de la profession. Cependant l'ordonnance de Blois, en 1579, leur avait prescrit de donner des quittances qui permettraient au besoin la critique et même la taxation des honoraires librement consentis. Mais cette prescription n'avait pas été, ne pouvait pas être appliquée. Or, plus de vingt ans après, en 1602, le duc de Luxembourg porta plainte contre un avocat qui demandait, suivant lui, des honoraires excessifs. Tout aussitôt le procureur général rappela l'ordonnance, et la Cour rendit un arrêt qui commanda qu'elle fût exécutée désormais. Le Barreau protesta. Le Parlement maintint son arrêt, avec injonction, aux avocats qui ne voudraient pas y déférer, de le dire, pour être rayés de la « matricule » ou tableau Le Barreau entendit ce nouvel arrêt, le 18 mai. Puis, le 21, tous les avocats, au nombre de 407, se réunirent, et s'en furent processionnellement au greffe, où ils déposèrent leur insigne, le chaperon ; ils déclarèrent en même temps « qu'il était tout à fait indigne de leur profession de soumettre à un gain limité et mercenaire l'honoraire qu'on leur offrait volontairement, en reconnaissance des vertus et des éminentes qualités nécessaires à un bon avocat. » Le même jour, le lendemain, les audiences furent désertes, et, faute d'avocats, le Parlement dut renoncer à siéger. Il ne savait comment se tirer d'embarras : rapporter son arrêt, il ne le pouvait ; se passer d'avocats était également impossible. Il eut recours au Roi. Le Roi était Henri IV. La difficulté ne lui sembla pas insoluble : du moins, il donna la solution qui devait satisfaire aux susceptibilités respectives du Parlement et du Barreau. Pour le Parlement, il décida que l'arrêt serait maintenu ; pour le Barreau, il fit entendre qu'on ne l'appliquerait pas. L'arrêt fut en effet considéré comme non avenu, de même que l'article de l'ordonnance de Blois. Et la paix, un instant compromise, se trouva définitivement rétablie. Le Parlement avait éprouvé dans cette aventure, et il ne devait plus oublier, que l'union séculaire comportait nécessairement l'indépendance du Barreau, et en tirait même son inestimable valeur.

C'est ainsi que l'Ordre des avocats, si bien associé au Parlement, se développa de la même vie puissante que ce grand corps, partagea ses bonnes et mauvaises fortunes, prit sa part aux mêmes belles œuvres et aux mêmes abus, s'imprégna de ses vertus et de sa haute intelligence du droit, comme de ses étroitesses et de ses préjugés. Au regard du public, plus encore que dans la réalité, il se confond avec le Parlement. Magistrats, avocats, et aussi procureurs semblent un bloc, qui est le monde de la justice. Par la langue de la procédure qui est un jargon, par la complication des formes qui est inintelligible aux profanes, par ses mœurs enfin qui portent l'empreinte d'une vie intensément corporative, ce monde passe pour étrange et secret. On le connaît peu. Ce n'est pas assez dire : on le connaît mal ; les personnes qui ont eu des procès, n'en gardent pas bon souvenir ; qu'elles aient gagné, elles n'oublient ni leurs inquiétudes, ni les lenteurs de l'attente, ni que l'avocat de l'adversaire a pu les traiter durement ; qu'elles aient perdu, à tous ces ennuis s'ajoute la rancune d'une sentence que, bien entendu, elles trouvent injuste, et qui les atteint dans leur amour-propre ou dans leur fortune. La justice de l'ancienne France portait au plus haut degré ces dispositions du justiciable par l'extrême complication et les frais énormes qu'elle imposait aux plaideurs.

Il n'est pas surprenant que la littérature ait reflété ce sentiment du public. Des hommes de robe, elle n'a vu que les travers. On a beaucoup écrit sur eux. Il ne reste guère, de toute cette production, que les chapitres de Rabelais dans le *Pantagruel*, la pièce de Rémy Belleau, *la Reconnue*, et deux chefs-d'œuvre, *la Farce de l'avocat Pathelin*, *les Plaideurs* ; plus la tirade des *Fourberies de Scapin*. Ce que tous les auteurs dénoncent avec vigueur, avec raison, c'est la cherté de la justice, et son train embarrassé, et ce réseau des procédures, — des incidents, comme dit le langage du Palais, — où les procès d'autrefois paraissaient s'embrouiller comme à plaisir. *La Reconnue* donne quelques détails superficiels mais pittoresques sur la vie du Palais. Les deux plaidoyers des *Plaideurs* sont une parodie spirituelle et bien venue de l'emphase, des longueurs qui plaisaient trop aux avocats, même à ceux du XVIIe siècle. Quant aux personnages, ce ne sont jamais que des fantoches : il leur manque à tous cette touche d'observation et de vérité qui fait si profonds et si vivants les types du théâtre de Molière. *Maître Pathelin* est, de tous, le plus invraisemblable : les avocats ont pu mériter des reproches ; mais, tout de même, les moins honorables et les moins scrupuleux ne se seraient pas risqués à voler le drap d'un marchand : il y avait des peines pour les fautes professionnelles ; il y en avait pour l'indélicatesse et la friponnerie. Comment, toutefois, et malgré cette invraisemblance trop criante, la *Farce de maître Pathelin* est-elle passée d'âge en âge avec un succès qui n'a jamais faibli ? On surprend ici la confusion qui était indiquée plus haut entre l'avocat inscrit à un barreau, soumis à une discipline, respectueux des règles de l'Ordre, sans parler de la vulgaire honnêteté, et le solliciteur qui s'intitule avocat, qui n'est qu'un faiseur d'affaires, besogneux, sans scrupule. Le public, surtout Je public populaire, ne distinguait pas : ou plutôt il acceptait comme avocat le personnage qu'il a toujours connu comme tel : et c'est bien ce faiseur d'affaires qu'est maître Pathelin. Dans la version de 1490, où se passe la scène ? A Paris, près de Saint-Innocent, et c'est-devant un juge unique qu'Agnellet vient faire son : « Bêê. » On est très loin de la Grand'Chambre, et du Châtelet, et de toutes les juridictions connues : on est en pleine farce. Dans la version de Brueys, *l'Avocat Pathelin*, qui est de 1706, la scène est « dans un village ; » et le théâtre représente « une partie d'un gros bourg. » Et Pathelin raconte : « J'ai quitté le village où

Section II

je demeurais pour venir m'établir en celui-ci, croyant d'y faire mieux mes affaires... » On est fixé. Ce Pathelin est simplement un agent d'affaires de campagne. Il reste que la comédie est une des meilleures du vieux répertoire français ; mais il reste aussi que les avocats ont toujours eu le droit d'y rire sans se moquer d'eux-mêmes, car ce n'est pas un des leurs que maître Pathelin.

Leur portrait fidèle, leur ressemblance exacte, ils les ont trouvés dans ce *Dialogue des avocats*, où Loysel, excellent avocat lui-même, faisait converser, au commencement du XVIIe siècle, quelques-uns de ses confrères. L'ouvrage est peut-être moins connu que ne le comporte son mérite ; avec du mouvement, de la vigueur, un style franc et dru, il rend la physionomie du Barreau, et c'est une physionomie vraie ; on le peut constater, en comparant à l'ouvrage l'histoire réelle d'une des grandes famille d'avocats, aux XVIe et XVIIe siècles, par exemple, celle de Marion, d'Arnauld, de Le Maître. On y voit ces lignées se transmettre pieusement le culte de la profession et les vertus domestiques. Des existences très régulières avec une certaine gravité, un sentiment exalté des devoirs de l'avocat, de sa dignité, de son indépendance, et une sorte de passion qui se dévoue tout entière à la cause des clients, un souci de réussite et de gain joint au désir de pousser le plus possible les membres de la famille, voilà comment se présente le Barreau du temps de Loysel, et pareillement celui du XVIIIe siècle. C'est une portion considérable de la grande bourgeoisie française. Elle affirme son esprit bourgeois parla réserve promptement hostile et le ton rogue à l'égard des grands ; ses habitudes studieuses par la culture et le savoir. Elle est en même temps française au sens le plus énergique, par le rôle qu'elle joue dans la formation du droit et dans les affaires religieuses. Ce Barreau, surtout celui du Parlement de Paris, concourut d'un effort incessant à créer d'abord, puis à fixer ce droit coutumier qui est le produit original de nos mœurs et notre loi nationale : en plaidant, en écrivant, en aidant à la rédaction de la coutume, les avocats ont été les bons artisans d'une œuvre qui a doté notre pays de ce bien inappréciable : une loi conforme à ses besoins, élaborée chaque jour suivant son génie propre, meilleure donc que la loi romaine et la germanique, puisqu'elle était faite exactement à sa taille et à ses convenances. Unis dans cette tâche séculaire au Parlement, les avocats n'eurent pas moins vif le sentiment français dans les ardentes querelles ecclésiastiques de l'ancien régime : ils furent gallicans ; ils le furent avec résolution et constance : ils défendirent de toute leur science et de tout leur patriotisme, tout en restant sincèrement catholiques, la cause de l'Église française contre l'absolutisme romain.

Dans son histoire professionnelle comme dans ce qu'on pourrait appeler sa fonction sociale, l'Ordre des avocats fait donc belle figure jusqu'à la veille de la Révolution. Il ne lui a manqué, pour se mettre au premier plan, que l'éclat de talents exceptionnels. Cet éclat, il ne l'a pas eu. Et ce n'est pas seulement que les règles, de la procédure laissaient aux plaidoyers une matière restreinte et souvent ingrate. Il y eut, certes, d'après le témoignage des contemporains, des avocats habiles, diserts, et même dont l'action était touchante, émouvante, admirée. Il n'y eut pas une seule plaidoirie qui méritât de survivre à l'heure où elle fut prononcée : aucune, en effet, n'a survécu. Ce furent des actes, non des œuvres de littérature et d'art.

Section III

Sitôt avant d'anéantir leur corporation, la Révolution rendit aux avocats un service extraordinaire. Elle ne pensait pas à eux, cependant : elle voulait supprimer, dans l'organisation de la justice, la cause d'un des abus les plus criants. Les nombreux avocats de la Constituante, plus de deux cents, furent les premiers à réclamer, à voter la réforme de la procédure criminelle : il se trouve qu'avec le pays ce sont eux et leurs successeurs qui en ont profité.

Les cahiers du Tiers État traitaient avec énergie et précision de la réforme judiciaire. Ils demandaient que la vénalité des offices fût abolie, que les juridictions fussent simplifiées, que tout privilège disparût, que les tribunaux fussent ramenés à leur fonction propre, qui est de rendre la justice et non de se mêler aux affaires de l'État. Toutes les plaintes contre l'esprit de caste et contre la cherté des procès, contre l'orgueil intransigeant des Parlements et leur maladresse suprême à se mettre en travers de l'opinion publique, avaient été recueillies par les représentants des bailliages, avocats ou magistrats inférieurs. Mais, ce qui dominait ces doléances, la grande, l'unanime réclamation, non seulement du Tiers, mais des ordres privilégiés, c'était le vœu, ou plutôt la volonté absolue de mettre à bas, pour qu'il n'en restât rien, l'odieuse procédure criminelle. On est à la fin du XVIIIe siècle ; on a vu de terribles erreurs judiciaires ; on a constaté, et les écrits des philosophes en ont secoué tous les esprits, à quoi pouvait conduire une procédure qui laissait d'abord la liberté individuelle à la merci du pouvoir, et qui abandonnait ensuite, dans le secret le plus étroit, le sort, la vie d'un accusé aux horreurs de la question préalable et à l'absolue souveraineté des magistrats. De cela, personne ne veut plus, à aucun prix. Cet édifice, miné de toutes parts, s'écroule. Le 21 août, l'Assemblée rend un décret sur l'arrestation et la détention, qui protège la liberté individuelle. Les 8 et 9 octobre, un autre décret consomme la ruine de l'ancien système, en proclamant cette nouveauté qui devait transformer la justice même : la publicité du débat criminel.

Le débat public comportait, à l'égard des avocats, deux conséquences primordiales : l'accusé trouvait à l'audience un défenseur, pour discuter à ses côtés l'accusation ; et dans ce rôle infiniment varié, l'avocat avait pour spectateurs, non seulement les personnes présentes dans la salle de justice, mais la foule des lecteurs de journaux, car les journaux allaient immédiatement s'emparer de ce sujet tout neuf et d'un intérêt qui n'a pas vieilli, le compte rendu des procès. Ainsi le décret des 8 et 9 octobre 1789, qui réalise en France un des progrès les plus certains de la civilisation, crée du même coup l'avocat des causes criminelles et la chronique judiciaire. On s'en aperçoit sans tarder. Au Châtelet, qui jugeait en premier ressort, les audiences, désormais publiques, s'emplissent aussitôt d'un monde curieux, avide de suivre et de contrôler l'œuvre de la justice. Des avocats criminels s'improvisent. En même temps, chaque jour, les journaux racontent le détail de ce spectacle émouvant qui commence à l'interrogatoire et s'achève, après la plaidoirie, par la condamnation ou l'acquittement.

Toutefois, les temps n'étaient pas révolus où l'Ordre des avocats tirerait de cette procédure publique une puissance, une renommée imprévues. La Constituante avait à pousser plus loin la réforme appelée par l'opinion. Elle souhaitait la chute des Parlements. Il est constant qu'après leur longue association avec ces grands corps de magistrats, les avocats ne firent rien pour les sauver. Quinze ans seulement s'étaient écoulés depuis l'affaire du Parlement Maupeou, mais quinze années désastreuses pour cette antique union. Tandis que les Barreaux étaient gagnés aux idées nouvelles, l'esprit de caste entêtait les magistrats dans une résistance inconsidérée, et les montrait enfin adversaires du pouvoir royal, non pas tant pour le bien public que pour leurs propres intérêts. Dès 1789, les Parlements étaient condamnés : ils vécurent encore quelques mois d'une existence incertaine ; ils disparurent par les deux décrets du 16 août et du 7 septembre 1790. Avec eux, unis une dernière fois, disparaissaient leurs Ordres d'avocats. Alors et jusqu'en 1810, on ne peut parler d'une histoire du Barreau : il n'y a que des avocats isolés, dispersés, livrés à leurs inspirations individuelles et qui ne ressemblent, n'ayant plus entre eux le lien corporatif, ni à ceux qui les précédèrent, ni à ceux qui les suivirent.

En 1790, au jour où l'Ordre était supprimé, il comprenait six cent sept membres à son tableau. La plupart renoncèrent à la profession, comme déroutés, effrayés par les conditions où elle allait s'exercer. Un petit nombre s'obstina et voulut durer. Quelques noms sont connus, et certains illustres : Delamalle, Henrion de Pansey, Berryer père, Bigot de Préameneu figuraient dans cette petite cohorte, et aussi Tronchet, Target, Treilhard, Tronson-Ducoudray, Bellart, De Sèze, Chauveau-Lagarde. Les tribunaux avaient toujours besoin d'avocats, et les accusés de défenseurs. C'est pourquoi, entraînés par l'amour du métier, bien que dépouillés de leur robe, bien qu'exposés à rencontrer à la barre, comme adversaires, les gens d'affaires les plus suspects, quelques-uns de ces hommes continuèrent de plaider. Ils ne pouvaient rendre viables les juridictions mal venues de la Constituante. Ils assurèrent du moins sans faiblir la défense des accusés dans le drame où la Révolution allait s'ensanglanter. Quand la mise en jugement de Louis XVI fut décidée, ils se préoccupèrent aussitôt de lui fournir un avocat. Louis XVI avait désigné d'abord Target et Tronchet. Target, comme on sait, déclina ce périlleux honneur, tandis que Malesherbes, ancien magistrat, le revendiquait. Le petit groupe des anciens avocats au Parlement voulut alors se concerter.

« Tronson-Ducoudray, l'un de nous, — raconte Berryer père,[1] — avait cru devoir nous réunir un jour à dîner chez lui, afin de

---
1 *Souvenirs*, I, p. 146.

s'assurer de nos dispositions respectives depuis l'étrange défection de Target. Les principaux convives étaient : Delacroix-Frainville, Bellart, Bonnet, Chauveau-Lagarde, Bureau de Colombier, Bitouzet de Linières, Blaque et moi. Les noms des autres sont sortis de ma mémoire. Il fut délibéré et convenu entre nous que nous formions une ligne défensive ; que, si le choix du monarque tombait sur l'un de nous, les autres l'assisteraient comme conseils. On arrêta même que tous les systèmes de défense projetés seraient fortement tracés par les premiers mots de l'exorde. L'orateur devait dire en substance : « J'apporte à la Convention la vérité et ma tête. Elle pourra disposer de ma vie quand elle aura entendu mes paroles. » Il devait essentiellement s'élever contre l'audacieuse attribution de compétence que la Convention s'était faite à elle-même. L'événement trompa notre attente. Aucun de nous ne fut appelé. »

Aucun d'eux ne fut appelé en effet : De Sèze avait été choisi par le Roi, le 17 décembre, pour plaider le 26, et c'est à son nom, à ceux de Malesherbes et de Tronchet que demeure attaché l'honneur du devoir accompli au péril de la vie. Mais le même devoir, au prix des mêmes dangers, Berryer, Tronson-Ducoudray et leurs confrères étaient prêts à l'accomplir : à défaut de l'Ordre disparu, ils continuèrent une des traditions dont les avocats ont raison de tirer gloire.[1]

Au tribunal révolutionnaire, Chauveau-Lagarde s'est à jamais illustré par son courage. On le vit auprès d'une foule d'accusés, toujours inlassable, luttant d'une énergie obstinée contre l'obstination des juges. Emprisonné pour avoir défendu Marie-Antoinette, il fut heureusement libéré par décret. Son effort maintenait contre la plus cruelle injustice la protestation du droit, et donnait aux victimes la consolation d'une amitié qui se vouait à elles sans réserves. Mais la marée sanglante montait de plus en plus, et lorsqu'elle finit par étouffer ceux qui l'avaient fait croître, il n'y avait plus de défense ; il n'y avait plus rien.

Si le 9 Thermidor marqua le terme des horreurs et la fin du sinistre tribunal qui avait siégé dans la Grand'Chambre du Parlement, on devait attendre encore plusieurs années pour que la justice même

---

[1] Est-il besoin de rappeler ici qu'en 1871, durant la Commune, le bâtonnier Edmond Rousse revendiqua le péril de la défense avec une égale intrépidité ?

fût rétablie. La période du Directoire avait fait épanouir, sous le nom de défenseurs officieux, la floraison des gens d'affaires les plus tarés, les plus avides, les plus incapables. Une tourbe envahit les audiences, celle des hommes qui avaient été rejetés naguère, pour indignité, des corporations d'avocats, de procureurs et de notaires. Le plaideur fut exploité impudemment : le juge fut trompé par tous les moyens ; la justice se trouva mêlée à tous les tours, aux expédients, aux escroqueries dont ces étranges défenseurs usaient d'une manière habituelle. Les anciens avocats résistaient de leur mieux. Mais ils étaient comme perdus dans cet envahissement. Le désordre allait s'aggravant. La profession de défenseur était avilie, et la justice n'existait plus.

Que fallait-il pour nettoyer les prétoires et remettre l'ordre dans ce chaos ? Le Consulat estima qu'on y parviendrait en instituant une nouvelle hiérarchie judiciaire, et en restaurant les auxiliaires, avoués et avocats. L'événement prouva qu'il avait raison. Toutefois si, dès le 27 ventôse an VIII, les tribunaux sont organisés, si la représentation des plaideurs est réglée, si les avocats, enfin, se retrouvent entre eux, débarrassés de la contagion des agents d'affaires improbes, dix ans vont passer encore avant que le Barreau lui-même, sa discipline et sa force, renaissent officiellement. En fait, les anciens avocats s'étaient groupés et ils attiraient à eux les nouveaux venus. Le 13 mars 1804, la loi qui rouvrit les Ecoles de droit disait « qu'il serait formé un tableau des avocats exerçant près les tribunaux. » Un tableau » c'est-à-dire la liste des avocats admis à plaider. Encore un peu, le tableau une fois arrêté, l'Ordre aurait repris sa vie corporative. Le Conseil d'État devait statuer par un règlement d'administration publique sur la formation des tableaux et les conditions de cette existence nouvelle. Et il s'écoule six ans jusqu'au décret du 14 décembre 1810.

La cause de ce retard est bien connue : l'Empereur se défiait des avocats et par suite hésitait à leur conférer, par le rétablissement de l'Ordre et de ses franchises, une puissance, une liberté qui pourraient le gêner. La note qu'il écrivit en marge d'un décret préparé par Cambacérès exprime sans détour son sentiment : « Ce décret est absurde et ne laisse aucune prise, aucune action contre eux (les avocats) ; ce sont des artisans de crimes et de trahisons. Tant que j'aurai l'épée au côté, jamais je ne signerai un pareil décret. Je veux qu'on puisse couper la langue à un avocat qui s'en sert contre le gouvernement. » On voit ainsi clairement pourquoi Napoléon Ier n'aimait pas les avocats ; on a tenté parfois d'opposer sous son nom l'esprit militaire, tout de discipline et de décision, à l'esprit juridique de discussion et de subtilité, représenté par les avocats ; rien n'est plus faux. En s'entourant des juristes éminents de son Conseil d'Etat, en présidant aux travaux du Code civil, Napoléon Ier témoigna au contraire combien il jugeait utile à la confection des lois, à la conduite du gouvernement les hommes habitués à l'étude du droit ; et lui-même, Premier Consul, dans les fameuses séances du Conseil d'Etat, montra cette vigueur, cette rectitude, cette agilité du raisonnement où se reconnaît l'excellent jurisconsulte. Ce qu'il ne pouvait souffrir chez les avocats, c'était leur indépendance, plus grande depuis la Révolution. La publicité de la procédure criminelle portait déjà ses fruits. Le procès de Moreau et de Pichegru avait été public. Non seulement les accusés avaient pu s'expliquer publiquement sur l'accusation, mais ils avaient eu des défenseurs qui à leur tour avaient parlé librement. Certes, ces plaidoyers sont d'une modération qui nous paraît aujourd'hui sans reproche. Au jugement de Napoléon, ils furent d'une audace et d'une insolence intolérables ; car ils se permettaient de rappeler que ces accusés avaient été de vaillants soldats, de grands chefs d'armées.

Toutefois, l'instinct et le sens pénétrant du fondateur d'empire l'emportèrent sur ses ressentiments. Le Barreau avait aidé jadis à la grandeur d'une magistrature par bien des côtés imparfaite. Il devait contribuer mieux encore, dans une organisation judiciaire meilleure, à installer en France cette force essentielle de l'État, une bonne justice. Il n'était que de prendre contre lui des précautions. Le décret du 14 décembre 1810 restaura donc le Barreau en lui imposant la surveillance du pouvoir, en lui retirant l'autonomie d'une corporation indépendante. Il y aura désormais un tableau ; il y aura un Ordre, et des règles professionnelles, et un conseil de discipline, et un bâtonnier. Mais le grand juge, ministre de la Justice, est investi d'un droit souverain : il peut « selon le cas » — on entend ce que cela veut dire — prononcer contre un avocat des peines disciplinaires et même la radiation du tableau. Le Conseil et le bâtonnier sont, non pas élus par l'assemblée générale de l'Ordre, mais choisis par le procureur général, représentant direct du ministre, sur deux listes dressées, l'une par cette assemblée, l'autre par le Conseil ; et l'assemblée enfin, au lieu de se réunir comme autrefois pour délibérer sur tous les sujets qui intéressent l'Ordre, ne pourra être convoquée par le bâtonnier qu'en vue de l'élection. Le Barreau revit, mais réduit à quelle condition modeste et subordonnée.

Cependant, tel qu'il était alors, il a repris sa vigueur et rendu les services qu'on attendait de lui. Si les avocats répondaient par une hostilité sourde à la défiance que l'Empereur ne leur avait pas cachée, ils travaillèrent du moins, suivant ses vues, à rétablir fortement la justice du pays. Parmi les magistrats nouveaux, ils voyaient un grand nombre des leurs ; aux audiences, les traditions de tenue, de sérieux, de dignité ne semblaient pas avoir été interrompues. Le Code civil sollicitait de tous un effort pour l'application aux faits quotidiens d'une loi qui, elle aussi, mêlait le présent au passé. Enfin, une pléiade d'hommes jeunes, pleins de talent, représentant l'ancienne bourgeoisie et la nouvelle, apercevaient justement quel emploi plus vaste l'État moderne pouvait réserver à leur classe, à leur profession, à eux-mêmes. Sitôt l'Empire tombé, le Barreau n'eut pas de peine à obtenir de la Restauration des retouches au décret de 1810, — retouches incomplètes, qui exaltaient « l'honneur de cette profession, » desserraient un peu les liens du décret et d'ailleurs maintenaient des exigences telles que le serment politique. La Révolution de Juillet, qui était aussi bien la victoire des avocats, leur donna des satisfactions plus pratiques. Dupin aîné, l'un des vainqueurs, fit rendre au profit de son Ordre l'ordonnance du 27 août 1830. Désormais le Conseil et le Bâtonnier étaient élus directement par l'Assemblée générale, et les avocats n'avaient plus besoin d'une permission pour aller plaider au-delà de leur ressort. Suivant l'article 5 de l'ordonnance, les lois et règlements relatifs à la profession d'avocat devaient être révisés dans le plus bref délai. La révision n'est pas encore faite aujourd'hui.

Section IV

Le XIXe siècle, grâce à la belle réforme de la Constituante, ouvrit aux avocats la carrière magnifique et retentissante de la Cour d'assises. Ce n'était pas seulement un prétoire de justice : c'était aussi bien une scène, une tribune. La souplesse du génie français s'en empara, comme si, de tout temps, il y avait eu une destination naturelle.

La procédure des Cours d'assises est certainement la conception méthodique d'esprits influencés par l'admiration de la justice anglaise et par le souci traditionnel de la forme ; elle est en même temps le produit d'une inspiration très haute et très noble du droit social de punir ; elle est par-dessus tout l'œuvre d'imaginations profondément latines. Tous les organes y trouvent une fonction définie : la Cour dirige le débat et veille à l'application de la loi ; le ministère public accuse ; l'avocat présente la défense ; le jury déclare l'accusé coupable ou non coupable. Les formes, dans l'intérêt de l'accusé, y doivent être rigoureusement observées. Là où se jouent la liberté ou la vie d'un homme, rien ne peut être laissé au hasard, ni à la fantaisie, de ce qui compromettrait son sort en altérant la sérénité des juges. Ces juges, c'est à savoir les jurés, sont tout de suite avertis de la grande mission que la société leur confie. Dès que le jury de jugement est désigné par le tirage, il prête serment, et la formule, que le président lit lui-même, est une des phrases les plus admirables de notre langue :

« Vous jurez et promettez, devant Dieu et devant les hommes, d'examiner avec l'attention la plus scrupuleuse les charges qui seront portées contre N... ; de ne trahir ni les intérêts de l'accusé, ni ceux de la société qui l'accuse ; de ne communiquer avec personne jusqu'après votre déclaration ; de n'écouter ni la haine ou la méchanceté, ni la crainte ou l'affection ; de vous décider d'après les charges et les moyens de défense, suivant votre conscience et votre intime conviction, avec l'impartialité et la fermeté qui conviennent à un homme probe et libre. »

Les douze jurés écoutent debout cette lecture ; ils lèvent ensuite la main, et chacun répond : « Je le jure ! » L'audience s'ouvre ainsi par un acte solennel où la gravité du débat qui va se poursuivre est annoncée de la manière la plus émouvante. Dès lors les péripéties de la procédure vont se dérouler d'un rythme sûr, claires aux esprits les plus profanes, et saisissantes toujours : explications de l'accusé, dépositions des témoins qui le chargent ou le déchargent, réquisitoire, enfin plaidoirie. C'est la recherche de la vérité qui fait la texture de ce drame, et il n'est pas de drame plus passionnant, car il met aux prises toute la puissance sociale et toute l'énergie individuelle. Cependant, le droit de punir triomphe, moins encore par le châtiment infligé au crime que par l'intimidation qui prévient d'autres crimes. Aussi l'appareil de la justice criminelle sera-t-il imposant et même théâtral. Dans un pays et pour un peuple violemment épris de représentation, il est nécessaire que le président de la Cour soit un magistrat de robe rouge, arbitre du débat, armé d'un pouvoir discrétionnaire ; que les témoins prêtent serment en termes sacramentels ; que les jurés, de qui dépend la sentence, soient enfermés dans un silence où il ne leur est permis ni une question, ni une remarque qui révéleraient leur opinion ; que, devant ce jury muet dont les visages sont en pleine ombre, l'accusé, entouré de ses gardes, soit, lui, en pleine lumière ; qu'enfin toute la lutte soit non seulement publique, mais orale… Les auteurs du Code d'instruction criminelle ont estimé tout cela nécessaire ; c'étaient de parfaits juristes et des psychologues avisés.

Or, dans cette audience vibrante d'émotions, dans ce combat suprême entre la société et l'accusé, ils avaient donné un rôle honorable à ce nouveau venu, l'avocat. Et il est arrivé très vite que le novice a fait de son personnage le centre même du drame. Le plaidoyer devait venir à son heure pour opposer les arguments de la défense à ceux de l'accusation. Il est apparu bientôt comme le morceau essentiel du débat, et, plus encore, l'avocat comme le rouage qui pouvait décider du sort en faveur de l'accusé. C'est qu'en effet toute cette organisation, tout cet appareil, et la liberté de cette lutte convenaient merveilleusement aux qualités maîtresses et à certains défauts de l'avocat français. Nulle part sa tâche n'est plus délicate, plus dangereuse aussi : l'accusé n'a de ressource qu'en lui, et pâtira de ses moindres fautes. Nulle part le plaisir de la parole n'est plus vif ; car c'est à la foule que parle l'avocat, et toutefois il a le droit d'être écouté, parce qu'il est le seul soutien du criminel. Les dons les plus rares et les plus différents, la fougue qui remue, le sang-froid qui discute, ne lui sont pas de trop. Parfois d'ailleurs l'audace, la ruse, l'emphase, si périlleuses qu'elles soient, peuvent lui réussir. En tout cas, il a découvert sans tarder qu'il avait à la Cour d'assises an champ vaste, un combat plein d'imprévu : il

Section IV

en a merveilleusement profité. Le XIXe siècle a vu se former la race nouvelle des avocats d'assises. Il a vu également de parfaits avocats, entraînés plutôt à la plaidoirie civile, qui développaient tout à coup devant le jury une éloquence plus brillante et plus chaude. Il y eut enfin d'admirables orateurs, partout égaux à eux-mêmes, et dont la parole portait avec une force pareille au cœur des jurés et à la raison des juges. Paillet, Berryer, Chaix d'Est-Ange, Jules Favre furent les plus illustres de ces maîtres. Parmi les spécialistes, Lachaud eut une éclatante renommée. Et sans doute, des plaidoyers qu'ils prononcèrent, comme de la plupart des œuvres oratoires, on peut dire que le meilleur était leur action, leur voix, leur geste, et que tout cela a péri avec eux, avant eux. Pourtant la publicité de l'audience, le caractère émouvant du débat leur avaient attiré des auditeurs ; et ils avaient donc, pour assurer et perpétuer leur gloire, l'impression qu'ils avaient faite directement sur cet auditoire, c'est-à-dire la force des souvenirs qui se racontent aussitôt, qui se transmettent, de bouche en bouche, et transmettent aussi quelque chose de la secousse éprouvée au choc d'une parole puissante. Cela, les avocats de jadis ne l'avaient pour ainsi dire pas connu. D'ailleurs, un grand nombre de ces plaidoiries ont gardé la chaleur, le mouvement, la vie même. Il en est deux entre toutes, qu'on peut toujours lire et relire avec intérêt, avec émotion, comme des modèles de l'art de l'avocat : celle de Paillet pour Mme Lafarge, celle de Chaix d'Est-Ange pour le malheureux La Roncière. Par la science de la composition, par le choix habile et sûr des arguments, par le style enfin, tout frémissant de la volonté d'agir, elles représentent une nouveauté qui mérite sa place, une belle place, dans notre littérature. Cependant ni cette éloquence nouvelle, ni l'empressement des auditeurs n'auraient suffi à fonder la réputation des avocats d'assises. Pour jeter leur nom, pour répandre leur parole à travers la France entière, ils trouvaient un allié, nouveau lui aussi, le journal. Depuis les premiers comptes rendus de l'année 1789, aux audiences du Châtelet, la chronique judiciaire, née avec la publicité du débat criminel, ne cessa d'étendre son succès. La *Gazette des Tribunaux* parut ; dans les journaux politiques, une rubrique s'ouvrait aux procès, surtout aux procès d'assises. Quelques causes célèbres lui donnèrent rapidement l'importance qu'exigeait la curiosité des lecteurs. On a tort de s'étonner aujourd'hui quand on voit, dans Paris, les passants se précipiter sur les journaux, les jours où se juge une affaire retentissante. Leur curiosité n'était pas moindre, voilà, soixante-dix ans et plus. Seulement, pour la satisfaire, à défaut de télégraphe et de chemins de fer, il fallait s'ingénier ; quand le procès se plaidait en province, les grands journaux établissaient des relais de poste, pour avoir plus tôt la « copie » de leurs chroniqueurs : c'est ce qu'ils firent pour l'affaire Fualdès, pour l'affaire Lafarge ; et le public suivait les débats avec la même avidité qu'il devait mettre à lire les *Mystères de Paris* et les romans de Dumas père. Il faut prendre ce besoin du public d'être informé sur les grands procès, et le zèle des journaux à le contenter, comme des faits, conséquences inévitables de la publicité du débat, causes de quelque mal et de beaucoup de bien. Le mal est d'attirer des curiosités qui s'inquiètent volontiers des crimes les plus atroces et des plus étranges perversités. Le bien est d'associer en quelque manière le pays tout entier au jury qui juge le procès, de telle sorte que les chances d'erreur judiciaire soient aussi réduites que possible, et que l'erreur, si elle se commet, soulève une réprobation générale. Quant aux avocats d'assises, la chronique judiciaire mettait à leur disposition tout l'éclat, tout le retentissement de la publicité. Ils lui ont dû d'être projetés en pleine célébrité. Elle ne parviendrait certes pas à faire réussir des avocats sans talent, pas plus que des critiques élogieuses ne peuvent assurer le succès d'une mauvaise pièce. Mais elle est indispensable pour fonder cette grande, cette immense notoriété qui, seule, frappe la foule. En ce sens, il paraît assez évident que la Cour d'assises d'abord, et la chronique judiciaire surtout présentent à cette foule une image incomplète et déformée de la justice comme du Barreau. Pour le public, la Cour d'assises domine tout, absorbe tout ; et, de même, à ses yeux qui ne voient le Palais et les avocats qu'à travers le journal, les grands avocats, les seuls avocats sont ceux du criminel. La faute en est un peu au public lui-même, à ses goûts : les journaux lui donnent ce qu'ils pensent pouvoir lui plaire. Il est ainsi arrivé que des hommes comme Lente, comme Henri Barboux, que le Palais tient pour les maîtres du Barreau, risqueraient de demeurer inconnus au dehors, si l'occasion ne se présentait pas pour eux d'une de ces causes qui, précisément, retentissent au dehors et dont parlent les journaux.

Sauf cette réserve et la privation d'une constante publicité, les avocats civils auraient tort de se plaindre du XIXe siècle. Il les a comblés. Presque dès son début, suivant de près l'essor de la bourgeoisie, il a produit ce mouvement extraordinaire de l'industrie, du commerce, de la richesse, puis des moyens de transport et de communication, qui a changé le monde. Or tout changement économique crée des rapports nouveaux entre les hommes ; ces rapports doivent être réglés suivant le droit ; l'office de l'avocat est aussitôt nécessaire, soit pour élaborer ce droit nouveau, soit pour intervenir dans les conflits qui mettent aux prises des intérêts contraires. Du jour où les entreprises industrielles et commerciales, brusquement élargies, exigèrent pour vivre d'amples ressources, les capitaux durent se grouper en sociétés, qui, même, une fois constituées, empruntaient des capitaux encore. La part sociale, ou action, le titre de créance du prêteur ou obligation donnaient à la richesse la forme mobilière. De là vint un flot intarissable d'affaires, procès de sociétés, procès relatifs aux valeurs de Bourse. L'invention des chemins de fer ne fut pas moins féconde ; depuis l'expropriation des terrains où leurs lignes s'établissent, jusqu'aux responsabilités des accidents qu'ils causent aux voyageurs, ils touchent sans cesse à quelque intérêt : le droit est en jeu et requiert le ministère de l'avocat. Ces exemples se sont multipliés comme à l'infini. Ce qui est vrai d'ailleurs des phénomènes économiques ne l'est pas moins dans l'ordre moral. Le XIXe siècle a vu des crises qui semblaient ébranler jusqu'au fond la morale traditionnelle : la plus violente, celle du romantisme, en exaltant l'individu et son droit au bonheur, accrut les troubles domestiques, poussa aux procès de séparation ; avec le divorce, ce fut plus qu'un accroissement nouveau, un débordement ! D'autres procès se sont engagés timidement d'abord, puis nombreux et réguliers, suscités par l'idée moderne de responsabilité qui veut que le séducteur indemnise la fille séduite, que le père naturel nourrisse son enfant. Les lois sociales enfin, si fréquentes depuis dix ou quinze ans, ont imposé aux avocats une activité redoublée : la seule loi des accidents du travail fournit chaque année des milliers d'affaires. C'est au Palais et dans le cabinet de l'avocat que réagissent toutes ces oscillations où se manifestent les progrès, les erreurs, les efforts de la vie nationale.

Elles eurent un autre effet que de transformer la fonction du

Barreau ; la plaidoirie, son allure, son langage s'en trouvèrent aussi' profondément modifiés. Il était possible aux avocats d'autrefois de mêler à leur procès l'histoire universelle : ce serait une indiscrétion impardonnable dans des causes où la complexité des faits réclame toute l'attention du tribunal, et cela, tandis que d'autres causes attendent d'être plaidées, que leur nombre augmente chaque jour et presse de plus en plus le jugé. Il a donc fallu que le plaidoyer se dépouillât, se fît rapide et, comme on dit au Palais, « utile. » Qu'un avocat plaide utilement, cela signifie qu'il expose avec clarté, qu'il discute complètement et nettement, qu'il laisse au magistrat une tâche parfaitement préparée : et c'est un grand éloge. Sans doute le plaidoyer risque ainsi quelque sécheresse, mais ce défaut est moins pénible que celui de la redondance. Les idées générales ne sont pas interdites à l'avocat ; mais par respect pour elles, il se contentera de laisser voir qu'elles sont présentes à son esprit et qu'elles défendent sa cause. Il ne sera pas moins discret dans l'emploi des images : il ne doit pas se laisser prendre à leur beauté, qui d'ailleurs pourrait ne charmer que lui-même ; l'essentiel est qu'elles viennent à point illustrer quelque partie du plaidoyer qui en a vraiment besoin. Peu à peu, dans l'espace des cent années écoulées, l'éloquence judiciaire s'est ainsi assouplie, allégée, simplifiée. Les doyens du Barreau d'aujourd'hui ont suivi ce progrès à travers les récits de ceux qui, vers 1850, étaient leurs anciens, puis dans les maîtres qu'ils ont entendus, et par leur propre manière enfin. De Marie, Paillet, Berryer, à Jules Favre, Dufaure, Crémieux, de ceux-ci à Lente, Allou, Rousse, Barboux, Waldeck-Rousseau, sans parler des vivants, le souci d'agir, de convaincre, d'emporter la victoire impose une manière toujours plus directe, une langue plus rapide et plus vive. Ce qui reste commun à ces grands avocats, c'est qu'ils eurent tous le talent de composer avec force, et le soin de parler purement. La plaidoirie moderne, dans sa simplicité, sa clarté, sa marche alerte, — les exemples le prouvent, — peut être un modèle de sobre et vigoureuse élégance.

Comme s'il n'eût pas assez fait pour les avocats, au criminel, au civil, le XIXe siècle leur accorda en outre une prodigieuse fortune politique. Le Barreau, fraction considérable, Instruite, active de la bourgeoisie pouvait tirer son profit personnel de la Révolution de 1830 qui la portait tout entière au pouvoir. Ce profit dépassa de beaucoup celui des industriels, des commerçants, des ingénieurs, de tous les autres, éléments bourgeois. Dès 1830, des avocats entrent au Parlement, par viennent, au ministère ; Paillet, Berryer, Mario sont députés. Avec la Révolution de 1848, Marie est président de l'Assemblée nationale ; une équipe nouvelle et brillante débute à son tour : Sénard, Dufaure, qui sont ministres, Jules Favre, Bethmont, Ledru-Rollin, Lanjuinais, Buffet. L'avènement du Second Empire les remplace par d'autres avocats : cinq Bâtonniers, Delangle, Duvergier, Baroche, Chaix d'Est-Ange, Boinvilliers sont appelés au Sénat ; trois premiers sont ministres, et après eux, M. Emile Ollivier. La Révolution du 4 septembre et la fondation de la République provoque le retour des avocats de 1848 ; Jules Favre est au gouvernement provisoire avec Ernest Picard à l'Intérieur et Cresson à la Préfecture de police. Buffet devient président du Conseil, puis Dufaure. Allou est sénateur inamovible. Arrivent Grévy, président de la Chambre, puis président de la République, Gambette, Ferry, Floquet, Waldeck-Rousseau, tous présidents du Conseil. Deux avocats encore, M. Loubet et M. Fallières, devaient être chefs de l'Etat, et combien d'autres avocats, députés ou sénateurs, ministres, la tête du gouvernement ! Au début du Barreau dans la politique, quand il envoyait deux cents de ses membres à la Constituante de 1789, la suite des temps a parfaitement répondu.

Il en devait être ainsi. Les esprits chagrins déclarent volontiers que la place des avocats, qu'ils estiment bavards, est bien dans les assemblées où triomphe souvent le bavardage inutile. Cette opinion malveillante est trop exclusive : parler pour ne rien dire n'est pas le privilège des avocats, et c'est au contraire, au Palais même, le défaut où se reconnaissent les mauvais avocats. Les autres, ceux qui se font écouter et qui réussissent, ont pris en plaidant l'habitude de chercher, de saisir le nœud de toute difficulté, et, comme on dit, de « débrouiller » les affaires. Ils ont acquis une méthode de travail et une pénétration prompte. La pratique du droit les a formés d'ailleurs à ces solutions juridiques, qui ne sont en somme qu'une manière raisonnable et pacifique d'accommoder les intérêts à d'autres intérêts, et les passions humaines à la nécessité sociale. Ils savent, parce qu'ils le font tous les jours, exposer, discuter, et, quand il le faut, attaquer vivement ou riposter avec vigueur. Enfin le courant des procès les mêle, dans la profession même, à tous les mouvements d'idées, et la vie du Barreau, par le contact de tant d'hommes divers, les prépare naturellement à la vie publique. C'est pourquoi, de l'une à l'autre, ils ont passé sans effort, à partir du jour où le régime parlementaire fut définitivement installé : et ce sont les qualités développées au Barreau qui triomphèrent ensuite à la tribune ou dans l'exercice du gouvernement. Un homme tel que Dufaure, où que sa destinée l'eût placé, serait certainement entré dans les assemblées, et s'y serait imposé. Mais il proclamait lui-même que, sans l'heureuse préparation du Palais et du Barreau, il aurait dû, d'abord, apprendre le droit, les affaires, la discussion publique, tout ce qu'il savait après vingt années de plaidoirie.

Section V

Le menu qu'on distribuait aux convives, le soir du 11 décembre, dans la salle des Pas-Perdus splendidement illuminée, reproduisait une lithographie de cette salle qui date de 1810. On y voit des hommes coiffés d'une toque noire, revêtus d'une robe noire où se pose un rabat blanc, qui se groupent entre eux ou avec leurs clients, et traitent leurs affaires. Sous les mêmes voûtes en 1910, des hommes pareillement coiffés et vêtus vont, vivement, chaque jour entre onze heures et quatre heures ; devant les Chambres, plus nombreuses, du Tribunal et de la Cour, ils plaident. Quelque chose n'a pas changé depuis cent ans, ni depuis bien des siècles : c'est que tous ces hommes ensemble forment cette corporation unique qu'on appelle le Barreau. Qu'est ce donc que le Barreau ? Ce qui le constitue, c'est un privilège et ce sont des règles professionnelles.

Privilège est un mot qui sonne mal aux oreilles de nos contemporains. Il ne faut pas ici s'en tenir au mot. Ce privilège consiste seulement en ce que l'Ordre confère, par l'inscription à son tableau, le titre d'avocat à la Cour, au Tribunal, avec les droits qui lui sont attachés. En ce sens on dit couramment : l'Ordre est maître de son tableau. Ce n'est point exact. Les conditions de l'admission sont réduites à la plus modeste exigence : capacité, moralité, indépendance ; la capacité prouvée par le diplôme de licencié en droit, la moralité d'un honnête homme attestée par une rapide enquête, l'indépendance résultant de ce que le candidat n'exerce aucune fonction incompatible avec celle d'avocat. Dès lors que ces trois conditions sont réunies, les portes s'ouvrent d'elles-mêmes ; et l'Ordre n'est donc maître de son tableau que pour en refuser l'accès à ceux qui apparaîtraient incapables, malhonnêtes, dépendants ; sa souveraineté est toute relative. Elle l'est plus encore qu'on ne croirait : d'un refus d'admission au tableau, le candidat peut appeler devant la Cour d'appel, qui imposera l'inscription si, par impossible, le refus n'était pas fondé sur des raisons décisives. Le Barreau a longuement lutté contre ce recours à la juridiction d'appel qui le réduisait à un office de contrôle : il a dû s'incliner devant une jurisprudence dont les décisions, depuis plus de quarante ans, sont formelles. Voilà donc ce qu'il faut entendre par son privilège.

Quant à celui des avocats eux-mêmes, il est encore plus restreint. Cependant, leur monopole ? le monopole de plaider devant toutes les Cours, devant tous les tribunaux, au civil, au criminel ? Ce monopole n'existe pas. Nulle part, il n'est écrit que seuls, à l'exclusion de tous autres, les avocats pourront plaider. Toute partie a le droit de plaider elle-même sa cause : Brunetière plaida lui-même la question du droit de réponse, et, en matière criminelle, un ami, un parent de l'accusé a été maintes fois admis à le défendre : Victor Hugo assista son fils aux assises ; M. Clemenceau, Emile Zola. Il faut sans doute une autorisation, mais qui n'est jamais refusée, si la personne qui veut plaider ne risque pas de compromettre l'affaire. Ce qui est vrai pour l'avocat, c'est qu'en vertu de son inscription au tableau ou même au stage, il peut se présenter sans autorisation à toutes les audiences ; c'est aussi et surtout qu'il se trouve désigné, par cela seul qu'il appartient à l'Ordre, au choix des justiciables. Monopole de fait, dira-t-on ; à coup sûr, mais uniquement fondé sur les garanties offertes et les services rendus ; en somme créé puis entretenu, d'un côté par les plaideurs qui, pour les assister dans un procès, s'adressent à l'avocat ; d'un autre côté, par les magistrats qui trouvent dans l'expérience, le savoir et la probité du Barreau les meilleurs auxiliaires. Le Code civil avait réservé seulement aux avocats le droit de signer certaines consultations : ils furent ensuite appelés à compléter, par ordre d'ancienneté, la Cour ou le tribunal dont un des membres se trouverait empêché ; la loi de 1898 les désigne pour assister les inculpés dans les interrogatoires devant le juge d'instruction ; la loi sur les justices de paix leur permet de se présenter devant ces tribunaux sans pouvoir des parties… Et c'est tout. Ce n'est presque rien, quand on regarde au contenu de ces lois ; c'est considérable quand on voit ce que le Barreau en a su retirer.

Il faut reconnaître ici le merveilleux effet d'une discipline. L'entrée du Barreau, comme on a pu le constater, est ouverte à tous les licenciés en droit qui sont des hommes probes et n'exercent aucune profession incompatible avec celle d'avocat. L'Ordre est assuré de ne compter que des honnêtes gens, libres de toute dépendance. Il leur offre aussitôt l'immense avantage de la solidarité et les astreint aux règles professionnelles. Ces règles se réduisent, à quelques principes très simples toujours, elles ont pour objet de fortifier, soit la dignité, soit l'indépendance de l'avocat ; elles profitent donc, en définitive, au plaideur, dont l'intérêt veut que son avocat soit indépendant et digne. Elles interdisent ainsi, par exemple, aux membres du Barreau de Paris d'accepter un mandat, et elles les préservent des obligations, des responsabilités qui en dérivent, pour que, suivant la belle formule de Cresson, chacun d'eux reste « son maître et son juge. » Elles leur interdisent de formuler une réclamation d'honoraires et d'en saisir la justice : elles maintiennent par là l'indépendance absolue que le Barreau défendait en 1602 au péril de son existence… Toutes se justifient de la sorte, issues d'une longue tradition, dictées par la nécessité d'une profession qui doit constamment fournir à de graves intérêt l'appui le plus sûr, inspirer aux magistrats la plus large confiance. Le Conseil de l'Ordre, élu par l'Assemblée générale veille à l'observation de cette discipline. Le sentiment de la solidarité y travaille sans cesse. Ce sentiment est très fort. Dans une corporation dont tous les membres sont égaux, il n'y a ni fautes, ni mérites strictement individuels ; tout nuit ou sert à tous ; et l'honneur de l'Ordre est entier dans chacun des avocats. Chacun le sait ; c'est pour les autres comme pour lui-même qu'il respecte les règles, et il attend d'eux, il sait qu'il peut attendre une juste réciprocité.

De là résulte un agrément indéfinissable qui fait la vie du Palais très chère à ceux qui l'ont quelque temps menée. La confraternité n'opère pas de miracles ; les avocats n'échappent pas à la vanité, non plus qu'aux jalousies : leur carrière en outre devient singulièrement

Section V

difficile : au Barreau comme partout, la concurrence, qui est la loi moderne, ne favorise pas que les meilleurs. Du moins, nulle part le talent n'est si vite reconnu d'abord, loué, et même exalté comme le bien de tous, nulle part, les qualités qui font l'honnête homme, au sens le plus étendu, ne rencontrent tant d'estime, et dans aucune autre corporation sans doute, les rapports de ceux qui la composent n'ont la marque d'une si particulière sécurité. Avec ces avantages, la profession donne aux avocats l'habitude de se voir chaque jour et de se bien connaître les uns les autres. La plaidoirie est comme un combat, où l'on sait à merveille, après qu'on a lutté, les ressources de l'adversaire et sa valeur tant morale qu'intellectuelle ; c'est un plaisir extrême que cette lutte, même quand l'adversaire est le plus fort, pourvu qu'il soit loyal, et il est rare qu'elle laisse aux combattants quelque ressentiment. Après avoir pris avec ardeur les intérêts de leurs clients, ils jugent avec impartialité leur effort respectif, et s'il leur arrive de se dire l'un à l'autre ensuite : « Vous avez bien plaidé, » l'éloge leur est précieux, car personne ne mesure aussi exactement le talent d'un avocat qu'un autre avocat. Cependant, à Paris, les affaires sont tellement nombreuses et les audiences tellement encombrées qu'on ne plaide pas à heure, ni même à jour fixe : il faut atteindre son tour. On croyait être sûr de « venir » aujourd'hui, et l'affaire est remise ; elle est en bon rang, mais celle qui la précède s'allonge d'une manière imprévue. C'est alors que la salle des Pas-Perdus et la Galerie Marchande recueillent ceux qui se trouvent soudain libérés ou qui subissent l'attente, et c'est le moment des causeries. Les anciens racontent que jadis, sous l'Empire, ces heures de loisir plaisaient à tous et qu'elles étaient animées d'un entrain, d'une vivacité, d'un esprit qui les faisaient délicieuses ; ils se plaignent que les jeunes avocats passent au Palais et n'y causent plus. Il est sûr qu'on y cause moins. On ne se dérange pour y venir que si l'on est à peu près certain de plaider, si l'on a besoin d'y rencontrer confrères, avoués, hommes d'affaires ; et on ne flâne plus que par nécessité. Mais les entretiens n'ont rien perdu de leur charme, ni de leur liberté. Les esprits les plus divers s'y rencontrent ; on parle de tout, et tous les avis s'expriment. Ce qui est remarquable, c'est que sur toutes les questions professionnelles, une opinion moyenne se forme presque toujours et finit par s'imposer.

A l'entrée de ce nouveau siècle d'existence, le Barreau peut donc à la fois se rappeler sa vigueur ancienne et constater sa parfaite vitalité. L'expérience de la Révolution fut décisive : dès lors que l'office du défenseur est indispensable au plaideur, il est indispensable aussi, pour les magistrats comme pour les justiciables, que les défenseurs présentent des garanties ; la corporation, et cette corporation spéciale qu'est le Barreau, peut seule les assurer. Les défenseurs les offraient avant 1790, quand ils étaient constitués en Ordre d'avocats ; ils les ont perdues quand l'Ordre a disparu ; ils les ont retrouvées quand il fut rétabli, et, depuis, elles n'ont fait que s'accroître. On a proposé de supprimer, comme en 1790, le Barreau. La mesure serait moins dangereuse aujourd'hui, puisque le droit d'association permettrait aux avocats de s'associer aussitôt ; et elle serait même à peu près inutile aux modernes « hommes de loi » que l'on voudrait ainsi favoriser aux dépens du Barreau. Ce qui fait toute la force de l'Ordre, c'est en effet sa nécessité. Aucune loi ne prévaut contre une telle puissance, celle des faits et de l'expérience plusieurs fois centenaire. L'Ordre des avocats existe non pas seulement en vertu du décret de 1810, mais parce qu'une justice régulière ne peut se passer de la capacité, de la moralité et de l'indépendance qu'il exige et qu'il maintient parmi tous ses membres. C'est pourquoi il fut rétabli par Napoléon Ier, pourquoi il a vécu tout ce siècle, et pourquoi il vivra tant que le souci d'une bonne justice sera considéré dans ce pays comme un des plus salutaires à la vie sociale.

Section V

ISBN : 978-1985355248

www.ingramcontent.com/pod-product-compliance
Lightning Source LLC
Chambersburg PA
CBHW070955220526
45471CB00007B/3047